AF599762

DE TIERRA RENACIDA

Núria Barnes

Aliarediciones

Corrección: Eladia Guerrero
Diseño de cubierta: Jaime Galisteo
Maquetación: Aliar Ediciones

Depósito Legal: GR 296-2025
ISBN: 979-13-87590-67-3
**El 50% de los beneficios irán destinados a protectoras, asociaciones o refugios de animales.*

Impreso en España

Edita
ALIAR Ediciones
www.aliarediciones.es
info@aliarediciones.es

DE TIERRA RENACIDA

Núria Barnes

DEDICADO A

A Elsa Farrús y José Luís RaviSol por acompañarme en este camino con su luz y generosidad sin límite. Gracias infinitas por tanto.

A mis peludos, a todos los que han estado y están en mi vida, ángeles sin alas que vinieron a mostrarme mi luz y hacerme mejor.

A la vida por seguir abrazándome muchas veces pese a mí misma.

PRÓLOGO

Considerar que las preguntas que formula la autora poseen casi el perfil de los puntos cardinales: «por qué a mí, / por qué aquí, por qué seguir». A veces la tentación del afuera se ejerce también con: «Salgo a la calle e incluso sonrío». Hay un amagar con rendirse, escribiendo: «No sé llorar de frío».

Desafiar al miedo es posible con un «pero aquí no hay cuco». Un intento de viaje del creer al descreer, en palabras como «se fue la fe en mí».

Loas al alba se hacen presentes mediante un volitivo: «Mis ganas son las mismas que el amanecer trajo». Y si huir fuese insignificante, se desmiente así: «huyo en un cuerpo repleto de vida».

Toda la fuerza del ser asertivo se encuentra en: «ser creándonos es lo único casi cierto que poseemos». Esculpir la identidad y un probable retrato: «mi yo más corpóreo se convertía en etéreo».

Un ejemplo neto y diáfano de contraste al leer: «Hijos ciegos de una madre que a diario abre su alma». ¡Oh! Cuánto gozo galopante transmiten estas palabras: «me estremezco de dicha ante la luz de un amanecer».

Consciencia de lo inasible de la esencia, hete aquí: «la fugacidad del ser». Estremece un descubrimiento de estas dimensiones: «me debía una vida, la mía».

Es tanta la capacidad de expresión del simple hecho de existir: «Habla la vida que brota a cada gota». Encontrar la vía maestra hacia el propio ser, así descripto: «Aun así, húmeda y de aire hoy eres».

Apropiarse de la propia individualidad e identidad redactado de este modo: «dan cobijo a mi nueva morada, yo». Sed, y más, son recurrentes, imprevisibles, en estos términos: «quiero beberte y vivirte cada instante».

Interactuar puede significar también ausencias mutuas; por ejemplo: «no fuimos ni nos dejamos ser». Verdadero estallido de placer vital se halla en estos vocablos: «henchida de amor a la vida».

Cactácea y de buenos auspicios, reafirmación de sí misma; nótese en este: «hoy soy flor de la biznaga».

Epidérmicamente un lenguaje es posible, al decirse: «mi piel recita vida». Que caigan los velos, que caigan; de este modo: «me desnudo en cada verso».

Volver a la vida es alcanzable mediante un salto cualitativo; léase: «renazco de mis miedos». Verdadero canto a la serena felicidad se traduce como: «soy mi paz y mi melodía».

De la mano de Nuria Barnes, los lectores podrán participar activamente en un vivaz diálogo interior que posee todos los ingredientes imaginables, abonado por la capacidad de autocrítica, el ojo clínico puesto hacia adentro, sin concesiones.

Que el universo tome nota de esta obra, que suma cualidades a la creatividad literaria.

Jorge Tarducci

NOTA PARA EL LECTOR

He sentido acompañar este poemario con música, fragmentos de canciones que me acompañan cuando me levanto alegre o tengo uno de esos días en que el miedo me paraliza, las expectativas no cumplidas llevan a la frustración y a la ira o —como a todos— me invaden momentos de melancolía o tristeza. Con las notas de estos temas mi alma se recarga y la luz va invadiendo el día.

Quiero dar las gracias de este modo a aquellos que con cualquier tipo de expresión artística hacen que nuestro ser se eleve, no se conforme y mire la vida de otra manera.

Tras cada parte del libro, incluido el poema introductorio, encontrarán un tema de distintos artistas y estilos.

La poesía no debe ser un arma, debe ser un abrazo, un invento, un descubrir a los demás lo que les pasa por dentro, eso, un descubrimiento, un aliento, un aditamento, un estremecimiento.

Gloria Fuertes

POEMA INTRODUCTORIO

Este poema va dedicado a alguien que amó la vida
hasta el último instante, mi querida Rosario Tallón.

Honrar la vida

Alzarse con los pies casi sin percibir el suelo,
y estar llenos de tierra,
nutridos de alma que vuela.

Libre y generosa vida aquella que no solo pasa,
aquella que surge de oscura cueva
y se eleva para tomar bocanadas de libre viento
incierto,
a contracorriente,
rotas amarras,
velas abiertas a brisa o galerna que se llaman, yo soy,
ese ser que elige amarse,
que se escoge a sí mismo para poder dar,
ese que mira con ojos curiosos cada amanecer
y guiña a la luna otra placentera noche de sueño o sueños,
vida de piel que se eriza ante un cielo, un compás
o la mirada de otro ser que late.

Honrar la vida es empezar el camino
honrándonos a nosotros mismos
para caminar elevados de ganas,
saciándonos de lo que vivir significa,
desde el dolor a la alegría,
y elegir corazón,
la única apuesta que nos da infinitud de ser
para seguir latiendo más allá del tiempo,
y que nos permite ser certeros al saber
que ese palpitar que nos brota
es vida, pura vida.

Empiezo la parte musical con alguien que pone la banda sonora a mi vida en muchas ocasiones, El Arrebato. Elijo de su álbum, *Músico de guardia* (2018), un tema que recoge parte de mi sentir. Compuesto por Javier Labandón.

Ha llegado el momento

No es normal vivir así,
callando al corazón cuando nos habla.
No es normal vivir así,
con puertas y con ventanas cerradas.
No es normal vivir así,
el miedo no nos libra del peligro.
El miedo nos libra de vivir.

No es normal vivir así,
sin escuchar lo que nos pide el alma.
No es normal vivir así,
con las emociones enjauladas.
No es normal vivir así,
el miedo no nos libra del ridículo.
Vivimos para vivir.

Ha llegado el momento
de subir la cabeza,
caminar contra el viento,
enterrar la tristeza.

De gritar un «te quiero»
donde nos apetezca,
de sentirnos tan libres
que las alas nos crezcan.

Ha llegado la hora
de sentirnos más fuertes,
de empujar hacia un lado
a quien nos diga «no puedes»,
de saltar en los charcos,
de bailar en las fuentes,
de gritarle a la vida
¡cómo me alegro de verte!

Ha llegado el momento.
No es normal vivir así.
No es normal vivir así,
sin sentir lo que se está viviendo.
No es normal vivir así,
dejando que se escapen nuestros sueños.
No es normal vivir así.

Ser libre no es vivir como se quiere.
Ser libre es vivir como se siente.
Ha llegado el momento
de subir la cabeza,
caminar contra el viento,
enterrar la tristeza.

De gritar un «te quiero»
donde nos apetezca,
de sentirnos tan libres
que las alas nos crezcan.
Ha llegado la hora
de sentirnos más fuertes,
de empujar hacia un lado
a quien nos diga «no puedes»,
de saltar en los charcos,
de bailar en las fuentes,
de gritarle a la vida
¡cómo me alegro de verte!

Ha llegado el momento
de empezar nuestra fiesta,
de apostar por nosotros,
de ganar la carrera,
de morder la manzana,
siempre a nuestra manera,
de sentir lo imposible como línea de meta.

Ha llegado el momento.
Nuestro momento.
Nuestro momento.
No es normal vivir así.

CUANDO ERA SIN SER

[...] *escribo para que no suceda lo que temo;*
para que lo que me hiere no sea; para alejar al Malo.
Se ha dicho que el poeta es el gran terapeuta.

Alejandra Pizarnik

Cuando te duermen el alma

¿Cómo se cura el dolor de alma?
Ese que poco a poco te producen los que un día dijeron amarte,
los que deberían amarte pero no saben,
o atragantados de su propio ego destruyen todo lo que les rodea.

Y es en ese sin amor,
ni propio ni ajeno, donde reside mi alma,
que pese a sonrisas, ilusiones o esperanzas vanas
se va marchitando entre gotas y pastillas de colores,
y el dolor, perseverante a sus sustancias, sigue ahí,
me penetra de dudas, miedos y heridas no sanadas,
el camino es incierto, y ya no sé si en algún lugar de mí aún quedan lágrimas.

Quizá mi esencia sucumbió a la química,
quizá mi alma se marchitó de no mirarla,
y en mi soledad
resuenan de nuevo ayeres que conozco,
creo que no me quedan fuerzas ni motivos para enfrentarlos,
olvidada de mí quisiera vivir un sueño casi eterno,
y al despertar sonreír a lo que fue solo una pesadilla,
pero nunca es así,
hay noches turbulentas que se arrastran por cientos de días,
y una vez más, te preguntas por qué a mí,
por qué aquí, por qué seguir,
si a cada segundo perece más mi alma,

y demasiado a menudo
quisiera que alguien me respondiera
por qué milagroso motivo sigo respirando.

Atrapada en mi cuerpo

No avisa,
lenta y sigilosa, como boa,
me va engullendo y no puedo escapar,
mi cuerpo, horas antes bebiendo vida,
castigado, empieza a beber muerte,
porque tan fuerte es el dolor que nada lo calma,
se extiende y me cruza en cada célula en que soy conciencia,
me retuerzo, doy vueltas, imploro,
ya no emito queja porque me convencí
de que no hay libertad para esta condena,
sí, cien años y un día,
una vida entera arrastrándola como fantasma
que me hace de sombra,
la mía se perdió en demasiados días oscuros,
encarcelada en mí,
sin juicio, solo con sentencia y sin alegatos,
mi forma de vivir ya es otra,
sin planes, sin futuro cierto,
porque lo que ayer podía hoy no puedo,
y sin embargo, cojo mi cadena,
salgo a la calle e incluso sonrío si es necesario,
y si me maquillo un poco
para esconder la mueca que el ser te causa
me dirán que no parezco enferma,
y callaré,
porque tiempo ha desistí de explicar.

La noche pasada vino a visitarme,
ha estado conmigo hasta entrada la mañana,
invadiendo la tarde y aparcándome en el sofá
agotada de esta vida sin mí,
creó una mueca donde mis labios se alzaban,
mañana será uno nuevo,
quizá sin noche perpetua,
y con suerte la rutina visitará mi casa.

Sin canciones

¿Quién soy yo en este desasosiego?

No oigo los pasos del sueño llegar a mí,
el silencio lo envuelve todo,
y a mí con él, que me quedo muda de verbo
para pronunciar mi nombre.

Y en este mar de serenidad que reposa en cuerpos ajenos,
veo el paisaje bajo dos bombillas tenues
que un día iluminaron la calle,
siento ganas de salir y respirar unas bocanadas de su aire frío
para dejar definitivamente congelada mi alma.

La noche es negra de luna menguante,
ella crecerá de nuevo para ser esplendorosa, yo no,
los olivos hacen medias sombras arrullados por las estrellas,
no crujen las vigas que me guarecen,
no oigo el llanto de un niño,
solo el mío,
que en silencio no resbala por mi rostro,
no sé llorar de frío.

El calor del hogar dejó su crepitar hace un tiempo,
siento la soledad del que ha perdido,
la esperanza se quedó olvidada en un cajón de la mesilla,
tomo una copa de vino,

en él caliento mis labios y mi garganta muda,
ya no canto,
desdibujo las imágenes que me trajeron a esta noche,
sin embargo, sé que regresarán,
borro de mi mente latidos,
doy otro sorbo que detengo en mi boca,
no, no sé llorar de frío.

Perdida de mí

No sé cómo llamarán los médicos
a quererse morir cada día un poco,
da igual festivo o laborable,
da igual tiempo o estación,
la cuchilla se balancea sobre mi cabeza,
no la veo,
solo la siento,
y en esos días mi cuerpo queda inerte,
mi mente apagada,
soy un cadáver vivo de especulaciones,
gritos silentes, dolor y llanto.

Tic, tac, tic, tac.

Cada latido de mi corazón,
como un reloj de cuerda,
espera que se abran las puertas,
pero aquí no hay cuco,
solo mora el pánico y el deseo de huir para siempre,
regresar a aquella niña, allá, con Peter Pan,
en el País de Nunca Jamás,
donde los sueños son de colores y puedes volar,
volar libre,
del maldito día, maldita la hora, maldito el momento
cuando tu vida empezó a morir,
porque a ratos creo que me están matando

y a ratos me muero,
y demasiado a menudo
ni siquiera sé dónde encontrarme.

Fin de partida

Soy una tómbola sin feria y sin muñecas,
sortean mi vida los números del calendario,
la aposté a un juego de trileros condenándome al fracaso,
con la alegría de copiloto, se fue la fe en mí,
nunca supe coserme bien los bajos de la falda,
dejaba picos que cavaban tumbas en desfiladeros,
de uno a otro saltaba,
casi sin tiempo de rezarle al muerto, yo.

Hoy redoblan en mi pueblo vestido de negro silencio,
dicen que perdí la vida en un juego de trileros.

Inerte

Pensar, ese ejercicio mental libre y esclavo a la vez,
libre probablemente te lleve a infiernos o paraísos,
esclavo también.

No existo porque tú existes,
soy porque ellos fueron, pero no soy aquel yo.
A ratos dejo de ser.
Desaparezco de ti y de mí.
Sombra en el día y luz de ala de cuervo en la noche.
Rebeldía atragantada en una cama. Enferma de mí.
Gorjeo penetrante de historias que emborrachan
mi hígado herido de dolores propios y ajenos.
Luz violeta que no penetra por mi ventana.
Cabeza de mujer curiosa en tejado ajeno
cotilleando mi estancia. Decapitadla.
Odio a las alcahuetas de vicisitudes contrarias.
Alcahuetes, haylos.
Luz, demasiada luz que no puedo cegar.
Una mariposa negra selló mis labios a media tarde.
Anochece por fin.
Mis ganas son las mismas que el amanecer trajo.
Ningunas.
Hoy he guisado un día de farsas, ficciones y amores lejanos.
No me pertenezco.

Soy etérea bailando el mar que escucho en la noche
para concubinarme con la espuma de sus olas,
su rugido y el aire devuelven la música a la noche.
Soy un tragaluz oxidado de lluvias ácidas.
Soy. Seré.
Pero no estoy.
Solo queda un cuarto y medio de sombra de lo que fui.
No puedo levantarme.
Solo soy noche.

Fantasmas en mi cama

Qué fácil sería decirte lo que se escurre por mi garganta,
anoche me tragué tu savia y hoy me trago mis palabras.
No sé qué decir después de un cuerpo,
miro al poseedor como fantasma en mi cama.
No sé preparar café para ellos.
Quiero que se vayan sin sentirse echados,
pero llevan sello sin remitente desde antes del alba.
A veces me miran y esperan.
Yo me hago la muerta pero mis tics me delatan con premura,
no aprendí a quedarme quieta.
Mis palabras se desbordan en mi mirada,
y la mayoría escoge, acertadamente, el camino de la puerta.
Otros se quedan mirando,
como en el juego, a ver quién resiste más.
Soy hábil jugadora, tras unos minutos
saboreo un solo en la cama.
Por eso, al amanecer, cuando el sol
y la luna coquetean su distancia,
si invadí casa ajena, cubro los estragos de otra noche
y huyo en un cuerpo repleto de vida.
Eso quería creer.
Me miró ciego con ojos entreabiertos,
yo sonámbula a tientas huía del lecho
donde quería reposarme.

Mi casa a cal y canto cerraba la puerta a nuevas tiradas,
un seis doble te atrapa y el café ya no es solo,
y a veces, demasiadas veces,
la leche es amarga.

Tu sombra entre paréntesis

Pasó el tiempo de cerezas,
como ese efímero segundo de universo que somos,
encarnados en un mundo cambiante a una velocidad
que nos atraganta,
el café de la tarde alcanza la noche en apenas
un par de vueltas a los azucarillos,
esos que tanto tiempo fueron pero ya no son,
como nosotros,
caminando a un destino cierto entre la incertidumbre,
colgados de balcones con buenas vistas
mientras ignoramos lo que pende dentro de nosotros mismos,
ser creándonos es lo único casi cierto que poseemos,
pero demasiadas veces nos dejamos llevar por la marea ajena.

Hoy volví a pensar en ti,
y no entiendo esa cadena que te ata a mi memoria,
eres un presente entre paréntesis de tiempo
que solo escribe interrogantes,
soy una respuesta cierta que apenas deja pasar unos minutos.

Miro dentro de mí y no te encuentro,
quizá nunca estuviste del todo y solo yo creé
tu cuerpo y su sombra.

Eres la certeza de una incertidumbre más,
quizá el baño de mar te aleje de mi alma eterna,
quizá sea tu guarida de un mundo que no sabes elegir.

Como las cerezas, llegas, me llenas de sabor
y sin saciarme te marchas.

Eres una estación intermitente en un latir
que bebe de ti aún en tiempo de granadas.

Camino gacho

Desdibujado el rostro de no renunciar a ayeres,
cegada de un vivir que acaso fue y sigue goteando
desesperanza,
la mañana brilla pero mis ojos no ven cielo,
camino gacho aquel que no se suelta,
la flor marchita aún loa mañanas,
yo, que solo fui pisada,
aún respirando,
habito cuerpo ya entregado.

Cuerpo regalado

Era tan intangible que se me escapaba entre los dedos,
yo reloj de arena seguía su latir a veces inaudible,
él, a su capricho, se posaba en mí unos instantes,
y cumplido su ser se iba
desvaneciendo ante mi mirada.

Fantasma de tiempo y ganas.

Miraba su ausencia que se reflejaba más allá de mi cama
en cada rincón donde el tiempo nos dejaba ser,
esa era mi excusa,
darle al tiempo la razón de su no presencia voluntaria.

Pero cuando era, mi yo más corpóreo se convertía en etéreo,
volaba la estancia que como un edén solo él sabía construir,
y alcanzada la cumbre,
siempre tenía su sonrisa,
de ella quedaba prendida cuando el último grano de arena
dejaba un sonido de adiós tras una puerta.

Sí, yo soy esa que vive de labios que nunca han sido míos.

Perdidos

La luz me baña tras horas oscuras,
aún me pierdo de materia y me lloro víctima de mí.

Las incertidumbres a momentos me arrasan,
y como ancla necesito aferrarme a un fondo
que no acierto a tocar.

Somos células,
átomos en un viaje que nos concierta,
desconcierta e incluso arrasa,
y sin embargo tememos su fin.

Somos instantes finitos,
aferrados a cadáveres de tiempo que no regresarán.

Llevamos marcas visibles e invisibles,
a veces agotados,
otra energía que se expande,
pero seguimos sin escucharnos.

Somos latido monocorde,
y sin sentido aceleramos su ritmo vagando
en el laberinto de una vida que nos apremia a correr
siempre lejos de nosotros mismos.

Hijos ciegos de una Madre que a diario abre su alma
y nos da la vida que solo acertamos
a ver cuando nos abraza el final.

Del álbum *Dragón* (2023), de Lola Índigo.

Dragón

No llamé, la puerta estaba abierta.
Yo llegué flotando, nadie me enseñó a no hundirme.
Solo a arrepentirme
de que todos siempre lo disfruten.
Pero sigo sola si apagan 'la luce'.
Dime que todo va a estar bien.

Mamá, me da miedo quedarme atrás.
Quedarme ahí abajo con mi ansieda'.
Grito, no me sale la voz y tú no vienes.
Me agarró del pie cuando eché a volar.
Me agarró del pelo y me dijo:
«Ya no te dejo seguir sin mí si no me quieres».
Si no me quieres.

Escuché una voz como un ángel cansao'.
Me sentí dragón con el pecho quemao'.
Lavo sabana' que tú me había' manchao'.
Me quise curar y tú me ha' arrastrao'.
Escuché una voz como un ángel cansao'.
Me sentí dragón con el pecho quemao'.
Lavo sabana' que tú me había' manchao'.
Me quise curar y tú me ha' arrastrao'.

Ya no me reconozco cuando me enfrento conmigo en el espejo.
Las heridas que me hice no me las perdonaré.
Hoy está lloviendo, parece que me conecta
con lo que está dentro, parece una isla desierta.
Y tú, ¿dónde estás tú?

Hmmm.

Voy en un avión, tengo ganas de abrir la puerta.
No importa morir, si cayéndome estoy despierta.
Y tú, ¿dónde estás tú?
(...)

Autores de la canción: Belén Aguilera / Daniel Ismael Real / Manuel Lara / Miriam Doblas Muñoz

DÁNDOME A LA LUZ

Nada está perdido si se tiene el valor de proclamar
que todo está perdido y hay que empezar de nuevo.

Julio Cortázar

Sin delirios

Eres como el fuego que frente a mí crepita,
indeciso,
el frío de un cálido otoño te tiene hibernado
en un loco enjambre de ideas y pensamientos enquistados
que paralizan tus latidos.

No vibras de amor,
la ira congela tus venas en un tiempo que no es eterno,
y es sin ti.

Locura la tuya por un futuro que no es,
mientras el ahora se te escapa de unas manos tibias
que dejaron las caricias en suspenso.

Has disparado a tu alma a bocajarro,
tu cacería ciega te dejó despedazado y vacío por dentro,
ni siquiera sabes encontrarte,
tu piel cuelga ausente de labios, secándose al sol,
y al caer la noche cae tendida en unas sábanas
que hacen hueco a los restos de aquel que fuiste.

Te miro a lo lejos,
quietas mis pupilas,
absortas en un camino que abrió su paso entre mis piernas.

Oigo tu llanto mudo en un eco lejano,
ya no te conozco como solía,
me siento saboreando el tibio líquido
que se deja caer por mi garganta,
reposo mi mano en el regazo y me estremezco de dicha
ante la luz de un amanecer
que horas atrás rompió el hielo nocturno,
me descalzo en la hierba bañada de rocío,
ya no puedo escucharte,
mi música crea una vereda donde comenzar el día,
soy esa piel que se estremece ya sin delirios,
solo le basta vivir.

Tiempo inconsciente

El tiempo,
ese reloj de arena a veces aliado otras enemigo,
ese polvo que se escapa entre las manos,
ese saber demasiado o no saber, esa cuenta atrás irracional
que solo con el pasar de los años se hace presente,
ese momento en que sabes con certeza
que queda menos vida de lo ya vivido.

Vivimos pegados a relojes que controlan todo,
y sin embargo
somos inconscientes del tiempo,
pero inexorables esas partículas de vida en libre movimiento
empujarán días.

¿Y entonces?

Muchos mirarán por primera vez su existencia cara a cara,
empezarán a percibir su larga sombra, su escapismo,
su ausencia de eternidad, su sorpresa, su espejo,
su ser que late para desvanecerse
desde que salimos del vientre materno.

Miremos el transcurrir,
enfrentémoslo,
dejemos que cale en nuestra consciencia,

y quizá
percibamos algo que no queríamos saber,
la fugacidad del ser,
y empecemos a valorar los pequeños gestos,
sonrisas, abrazos, besos, perdones y olvidos,
y siendo tan solo presencia en un minuto en el que vivir,
nos sintamos humanos,
con un reloj determinado.

Vida debida

Hastiada de ser me detuve a mirarme,
la cólera era líquido que se destilaba por mis venas,
no fue un instante,
fue un tiempo,
la vida me puso delante mi obra,
la que creí mi gran obra,
quise ser la hija y la hermana perfecta,
la mujer, la pareja, la no madre, la madre perfecta,
la amiga, el amor, el no amor e incluso la amante perfecta.

De otros, siempre de otros,
y me olvidé de mí.

Tocaba sanar mi propio abandono,
y poner mil tiritas invisibles a la herida,
borrar de mí ese dolor atenazado
entre mi plexo y mi garganta,
llorar no podía,
y empecé a sonreír.

La primera mueca devolvió mi rostro al espejo,
y al terminar casi esbozaba una sonrisa,
mientras mi corazón latía para mí,
mi sangre fluía para entregarme el amor olvidado en otros,
y una carcajada se abrió paso en la boca del estómago
para estallar en mis labios.

Ahora no podía existir otra más que yo misma,
me debía serme,
me debía una vida, la mía.

El gozo del ser

Luz que me muestra caminos otrora inciertos,
sombras que buscan voz,
colores fundiendo en mi mirada otras historias,
vida que se alza contra alambradas que quieren torcer seres,
aire en el alma,
música en clave de mí.

Si ser fuese solo gozo, sería entonces ser.

De agua

Llora el cielo esa agua ansiada como beso
que abre boca a un frío otoño,
los sonidos de un firmamento oscuro unen
el suave canto de la lluvia con el tronar
que clama su voz en torrente.

Me dejo llevar por esta tarde en la semioscuridad
de una sala silente,
ventanas abiertas a una explosión de la Madre
vistiéndose su traje más bello,
vida que empieza a mojar sus labios tras la travesía
por un desierto no tan lejano.

Me dejo querer,
soy en este instante esa alma que se empapa
con todos los sentidos abiertos al discurrir,
no estás y ya no importa,
solo este instante riega mi rostro
y humedece mis sentires de serme.

Habla la vida que brota a cada gota.

Roto el tablero de los ayeres que no son,
el peón mueve su falda y enfrenta al rey sin miedo,
a ti, Madre, entrego mis dolores
para de ti renacer en trance nuevo,
de Tierra para abrazar el universo.

A mi hija no nacida

Te vi a lo lejos,
conozco cada gesto de tu silueta
y cada movimiento de tu sombra
de tanto dibujarlos en mi mente.

Llovía.
Solté el paraguas y corrí a tu encuentro
como niña a alzarme a tu cuello.
No eras tú.
Tú no estabas.
Nunca estuviste.
Cuando empezamos el juego me dieron cartas marcadas.
Te perdí.
No fui yo, ni siquiera fuiste certeza
hasta que la vida me llevó a las profundidades,
donde te supe sin conocer tu rostro.
No estás, y me empapó la lluvia del tiempo de no llorarte.
Regresando a casa lo vi en el suelo, abierto, esperándome,
impreso tu rostro en él.
El agua resbalaba por mis mejillas para besar el suelo
que tantas veces imaginé paseando juntas.
Me miré en su tela reflejada, dudaba si tomarlo
y busqué a mi alrededor vacío de almas intrépidas.
Lo llevé conmigo.
Cuelga de lado en el cabecero de mi cama,
y cuando te pienso he aprendido a sonreírle, ya no lloramos.

Así, entre los dos, borramos el desconsuelo,
lo acaricio, sí, es raro, pero recreo en mí
cada caricia de tu alma no enterrada.
Aun así, húmeda y de aire hoy eres.

Claroscuros

Empecé a crecer en ti,
pero lloraba en mí,
las noches de luciérnagas se iban tornando oscuras
y apenas era el principio del verano.

No, no somos más que de nosotros mismos,
de nuestro ser bebemos
y embriagarnos de nosotros sería senda,
pero no hacemos camino,
perdidos en veredas,
arrojados en cunetas de otros,
la esencia se diluye y la luz se apaga bajo un sol majestuoso
que no puede con la sombra que creamos.

Arranqué mis botones,
rasgué mis telas,
lancé mis tacones al vuelo,
y entonces, solo entonces, pude verme,
ya no estaba sola,
mis ojos me miraban y acariciaban mi cuerpo.

Me senté a esperar contándome historias.

Sí, justo ahí, en mi mirada,
la que transita en suspiros de alma,
caminan los pasos que trazan mi travesía
y dan cobijo a mi nueva morada, yo.

Aprendiendo a amar

A veces, solo a veces,
el café sabe a beso,
y entonces detiene el tiempo,
las horas avanzan en un reloj parado por miradas,
que tímidas a ósculos invitan,
y las palabras se cruzan con los gestos recitando pálpitos
que se aceleran cuando parecían dormidos,
los pensamientos van tejiendo un presente que crea sin saber,
las manos acarician espacio antes de hallar piel
que ya se suspira como la tierra prometida.
La mañana a la noche invita a despedirse,
el tacto queda suspendido pero con una promesa no
pronunciada.
Será beso.
Serán imágenes de risas y complicidades,
instantes captados por un ojo que enamora.
No te detengas.
Que tu pelo se alborote entre ráfagas de aire
y deseos que no tardarán en estallar,
y como un *flash*, con la nocturnidad de aliada,
los labios se apresan.
Es beso.
Son manos que entrelazadas miran al frente,
pasos que con decisión inician un camino
con la certidumbre del latir que lo dibuja.

No hay temores cuando se descubre a otro ser
y la sangre vuela del pecho a la boca
y a la punta de los dedos que cálidos derriten otro temporal.
Solo son miradas, y en ellas vida.
Ámame.
Sé esa breve eternidad en un tiempo por determinar,
porque solo de hoy sabemos,
y ya ahora amar es el verbo con que quiero beberte
y vivirte cada instante.

Otra mano

Déjame contornear tus labios mudos
en aquella servilleta donde los olvidaste,
no soy capaz de recordar palabras o algunos nombres,
pero tu boca se quedó dormida en mi mirada.

Años aquellos de turbulencias
atrapada sin alas para afianzar el vuelo,
no llegaste,
te traje,
no fuimos ni nos dejamos ser,
hiriéndonos entre muros derribados y cristales rotos,
trozos de vida revolcándose,
para rescatarme y saber que ya no era aquella,
atragantada de polvo entre lágrimas amargas
que no sacian sed.

Sobrevives.

Te duelas entre caricias falsas.

Y con el luto cae un beso,
una mano ajena,
un cuerpo desconocido,
una mirada presente,
un ser que enuncia verbos nuevos y te invita a volar.

Aún tiemblas de ayeres,
de cicatrices de piel y alma,
convaleciente de miedos,
abocada a creer o morir,
caminas trémula aferrada a la idea de que sí,
a veces,
tras una esquina,
sentado en un bordillo,
se conjuga, con tropiezos, el verbo amar.

La vida no ha muerto

Ser que se mueve descalzo de ayeres,
solo lo visible deja ver sus tránsitos en otros tiempos,
su boca es a menudo silencio que escucha el devenir
aun aprendiendo,
dice no a aquello que la oscurece y abre los poros a un sol
que la abraza por fuera y la eleva por dentro de luz.

Ya no son suyas las batallas del ruido que acecha todo su
entorno,
deja resbalar por su piel el miedo,
adiós al traje del tedio,
vivir vendido en proclamas en medios que gritan muerte,
mientras, en su mirada, la vida renace más allá de su vocerío
ciego,
de la voz del amo alimentando los egos,
palabras ateas, hoy catecismos para existencias
que deambulan sin propio sentido.

Sonríe,
la miran,
sigue sonriendo a su entrecejo fruncido
y sus labios caídos de no saber existir,
la compasión la atrapa al mirarlos,
toma aire y deja que su boca bese otras bocas
que a su alrededor respiran sin aliento,
la vida no ha muerto,

la música sigue sonando en su garganta
y bailando en su alma que mueve los pies,
solo puede rescatarse a sí misma,
pero cada gesto y cada curva de sus labios
siembran un renacer,
que imposible
nos quieren vender los voceros.

La vida no ha muerto,
la vida es cada amanecer y cada eternidad
que fluye más allá del cuerpo.

No soy yo,
no eres tú,
somos materia en cuerpo prestado creando un espacio
donde respirar más allá del recelo a una existencia finita
a la que no sabemos darle la vuelta para ser eternos.

Cronopio

Hubo un tiempo en que derroché amor,
ese amor carnal de instantes eternos,
ese que una vez enamora
y te deja loca en tu puerto en una espera vana,
como Penélope.

Hubo un tiempo en que creí que podía buscar
lo que no se encuentra,
tiempo de cruzada y Santo Grial.

Hubo un tiempo que creí saber mucho y no sabía nada,
pero luego llegó la tempestad.

Hoy sé que mi aire está solo en mi boca,
la sonrisa en mis labios,
el placer en mi cuerpo,
que la luna llena me vuelve más melancólica,
que no soy loba porque no quiero morder ni dar miedo,
hoy sé que soy mi paz y mi melodía,
que puedo bailar sola,
mejor que en errónea compañía,
hoy sé que ni tú ni yo estamos porque nunca fuimos,
y no ser se escapa de la paleta de colores,
y aunque yo siempre me salga del dibujo,
ya no te busco presa de la raya,

ahí solo moran los que miran el mar sin ver que es infinito,
ahí tú no estás,
no sé quién está,
pero no sabe de dibujos delineados,
de lunas demasiado compartidas,
quizá sepa de cronopios
y de una mano que no tiembla,
salgamos de la raya juntos.

Efímero presente

No es cuestión de tiempo, sencillamente ya no me veo,
no sé verme en un ayer que abandono lentamente.
Presente.
Ser.
Hoy.
Ahora.
Unos minutos.
La respiración de mi perro dulcificando la tarde me arrulla.
Necesito decir lo que siento de hecho.
Tengo la palabra aparcada en un lugar de esos
donde no encuentras el coche.
Paseo perdida en mí,
consciente de encontrar día a día lo que busco,
ese yo completo que como tantos perdió
pedazos o suspiros en tierras propias y ajenas.
En el metro.
Unos ojos.
Una nota de una melodía.
Un cuerpo.
Un avión.
Un trabajo tedioso.
Una sonrisa.
Tres lágrimas y un grito.
Yo, un ayer que día a día se descompone.
Cercando tierra, como marinero,
busco mi faro en la luz que me es propia.

Ayer giré la esquina de las oscuridades
y las dejé tumbadas en un paso de peatones.
No hubo atropello.
Sí abandono.
El verso anterior ya es pasado
y el próximo verso espera ser
en la tinta intacta de los inexistentes.

Vuelo de trinos

Cuando las ganas se esconden tras días grises,
es a su sombra donde renazco de mis miedos,
su fuerza me invade sin permisos,
sus raíces me atraviesan,
y abrazada a su tronco,
en ese momento,
me llueven los sueños.

De tierra soy y a ella me entrego,
su olor palpita en mis adentros, transformo la mirada,
veo aquello que era ciego,
y en sus copas los trinos, cantares que emprenden vuelo,
me transportan a escondidas a un rincón ahora eterno,
luz y sombra,
lloro y juego,
muerte y vida,
que ahora mis ganas se esconden en las ramas de mi cuerpo.

Darnos a la luz

Hoy el sol no me dejaba mirarlo para no dañarme,
su eclipse removía mis adentros como un verso,
a veces paz o ternura, otras convulsión de existencia acumulada,
me columpié en la pena de mí un par de veces para desterrarla,
mala compañera de vida,
inútil y dañina,
te corroe cual metal oxidado apuñalando torticero
todas las energías que te visten,
al abismo la mandé con sus compañeros de oscuridad vestidos:
odio, resentimiento, miedo, rencor, envidia...

Devota del amor, a sangre caliente vomito lejos de mí
los sentimientos vanos,
esos que cavan tu último lecho sin que percibas siquiera
el olor de la morgue,
a traición te socavan,
a tientas,
arrastrándose sin luz en noche de luna nueva,
silenciosos,
como tarde gélida de invierno que se tragó la turba de las calles
y la escondió en sus moles de ladrillo,
a veces casas, otras hogares.

Si te paras, si miras en ti,
la ausencia de ruido retumba e incluso puedes sentir la carcoma
que empieza a recorrer tu cuerpo.

Aún estamos a salvo.

Más allá del espejo es donde realmente la existencia se
desborda,
y si nos dejamos sentir,
el ser que realmente somos aparta visillos y deja que el sol nos
inunde,
sí, aún no es tarde,
tras el parto materno seguimos a tiempo de darnos a la luz.

Del álbum *Como ves no siempre he sido mía* (2020),
de Belén Aguilera.

Mía

Ya no me duele.
Ya no me hiere
pensar en lo que fui.
No lo he borrado.
No lo he olvidado.
Pero ya no está aquí.
Ya no me muerden, no me convierten.
(Mhhh)
Ya no me despiertan, no me persiguen.
(Mhhh)
Lo días
en los que el reflejo del espejo me dolía,
en los que contigo como arma me protegía.
Los que creían que el amor me salvaría.
Como ves, no siempre he sido mía.
Vuelvo al pasado.
Fuego apagado.
Cenizas verde-gris.
Vine al futuro.
Ya no está oscuro.
Pero yo sé que en mí
hay algo que vuelve

y que a veces muerde.
(Mhhh)
Pero voy a pararme,
aprenderé a perdonarme.
(Mhhh)
Lo días
en los que el reflejo del espejo me dolía,
en los que contigo como arma me protegía.
Los que creían que el amor me salvaría.
Como ves,
hay días
en los que las cosas no salen como querías.
Y me llueven recuerdos de cuando te despedías.
Y siguen doliendo aún las balas recibidas.
Y hasta en esos momentos soy tan mía.
Ay, mía (mía).
Nos toca aprender a perdonarse recaídas
y abrazarme muy fuerte y recordar que soy mi amiga (amiga).
Y que si no fuera por mí, ¿por quién sería?
Que es una suerte poder sentirme mía.

MI VIDA CONMIGO

El hombre tiene dos caras, no puede amar sin amarse.

Albert Camus

Colibrís en la ventana

Como nuez caída del árbol,
así tiempo atrás me dejaba llevar por otras voces,
gestos, miradas, palabras,
ausencias y presencias que me vestían eterna en traje de noche.
Respiré.
Tomé el aire consciente de la vida entrando en mí,
lo dejé marchar y con él algunas cicatrices en la mente,
sentí que mi paso se hacía más ligero,
y en cada expirar soltaba marcas de un ayer que llegó a ahogarme.
Respiro. Agradezco. Lato. Siento.
El rostro del espejo con los rasgos de los años brilla
lo que en jóvenes momentos era a tiempos flor marchita.
Vivir aletargada, sí, vivir habitando un propio cadáver
que aún respira, ¿merece el uso del verbo que nos permite ser?
Tomé otras fuentes,
agua resbalaba por mi cuerpo y mi garganta para renacerme,
sudé cenizas y temblé con la nueva savia
que recorría cada uno de mis cuerpos,
de dentro a afuera,
como licor que explota en la boca y arrasa todos los sentidos,
así me embriagué de mí y empecé a abrazarme.
Aún a veces me reprocho,
pero los amores que tengo conmigo inundan el plexo
y se fugan en los destellos de mi mirada.
Alas de ángel.
Seres de luz.

Tardes paseando en un tacto que crea amor
y dulces bocados en una existencia que puse del revés.
Quizá ya no me conozcas,
soy la de hadas y duendes,
colibrís en la ventana,
mariposas en la senda
y risas en el ombligo.
Quizá no soy ya de tu gusto,
pero ahora el gusto es mío.

Tierra que late

Imagina un lugar donde la luz brilla
y se expande en todo momento,
siente en tu piel la caricia de una pluma que cae
y te aporta la calidez primaveral en el crudo invierno,
la música es el sonido placentero que lo envuelve todo,
de canto de pájaro a sonata de latidos de corazones que aman,
el agua transparente de manantial todo lo baña y en ella te reflejas,
tu rostro ya no es una mueca de antiguas emociones,
la belleza es en ti como en todo lo que te rodea,
ese lugar existe,
es aquí y es ahora,
y se expande en tu horizonte y en el nuestro cuando vives
en la vereda del corazón.

Transmutando

Me doy para darles a ustedes,
me amo y vibro,
soy onda de sinfonía que late de mí a ti,
y lo que vivo vives,
lo que muevo recibes,
lo que pienso creo,
y lo que siento a ratos se desboca creando
ríos de existencia más allá de mí.

De la Tierra soy y del universo parte,
de ti creo en mí que recreas cada vez que respiro
un punto y aparte.

Y transitando tiempo que no existe más allá
que a capítulo cerrado,
en presente soy y en presencia camino,
inhalo y exhalo,
consciente de que ser es vivir,
aún en esa extraña apariencia, para algunos la mía,
que hasta este instante existo transmutando.

Ser único

Allá donde tus pies posan sus huellas,
donde tu mirada transcurre un instante,
en cada vibración que recorre tu cuerpo,
en cada hueco de ser,
ahí el sol da vida a tu vida,
entre aguas se refleja
y en ti brota la semilla crística de ese ser único que eres.

Sin libarme

Posarme en el instante,
saborear el momento,
bordear aquel minuto que ya no,
regresarme en ser,
expandirme de color,
respirar.

No me pelees que me desvanezco,
ya no guerreo ni oculto intenciones,
recreo castaños en otoño y suspiro manzanos en invierno,
no me libas ni me licuas,
me cocino de preguntas con y sin respuesta,
de pasos en firme que tambalean verdades supuestas
y desvisten tus mentiras con certezas ya desnudas
de los velos con las que las agasajaste para envolverme.

Vivir con aire

Quería ser humana y así me siento.

A días los naufragios aún balancean mi barco,
pero ya no se hunde.

Hoy yo soy el yo soy,
me priorizo porque me amo,
no acepto etiquetas ni normas más allá de las ineludibles,
no.

Ya no busco agradar si tengo que cambiar mi vestido.

Nací desnuda,
y sin ropa vivo, más allá de algunos trapos necesarios
que solicita el decoro.

Quise amarte,
pero amar y querer no pueden ir cogidos de la mano,
querer es posesión,
amar es libre,
y se posa en ese ser que no premeditas,
en ese instante,
en ese recodo del camino,
en vivir con aire.

No, ya no respiro otras bocas,
respiro de mí,
y si compartiera el aire,
que se expanda en átomos de un amor
que no entiende de cuentos ni de cuentas,
solo amar, sin más ni menos.

Te dejo la palabra,
me quedo con mis gestos.

Hoy escribo, mañana no lo sé,
por eso me desnudo en cada verso.

Olor a madre

Pequeñas pinceladas de la Madre,
ella me acoge con su manto de colores,
nutre, oxigena, limpia, da sin esperar,
hijos díscolos la profanan,
ella exclama su belleza.

Tras los cristales,
una lluvia más de primavera,
mi piel huele y sabe a tierra,
de ella me empapo y renazco,
de ella y en ella soy,
más allá de ese ruido humano que atraganta y desconcierta.

Dadora de vida

Mujer, tú eres orbe,
en tu vientre nace la historia,
como en esos campos de tierras yermas o fértiles,
en los que tus manos,
arados de amor,
crean vida que se siembra y crece.

Tu cuerpo de nuevo se contrae para crear y alimentar,
tus brazos recogen frutos entre ellos a espalda doblada,
como madre preñada,
abusada por siglos.

Hoy te levantas y entre todas te izamos,
eres vida,
amarte de todos es ministerio,
y allí donde caen tus sudores,
cosechas que nutren la existencia misma
crecen bajo tu atenta mirada de dadora,
quizá unos no te miren, te obliguen,
pero nosotros sí,
de tus dolores de parto sabemos,
y como gran madre te queremos reconocida,
justicia a la tierra que tú haces germinar de tus pesares.

Al cielo miras pidiendo lluvia,
y son tus lágrimas que dan la luz
las que de fuerza y esfuerzo alimentan
al por nacer y al nacido.

Tierra que ama y germina para alimentar a todos,
mujer,
campesina,
Madre en mayúsculas de los de ti nativos,
en tus manos nace, crece y permanece el ser,
y al estar contigo, bajo el amor de tu mirada que nada teme,
los campos regalan cosechas que tú pares como hijos madurados
a un sol que de ti brota para iluminarlo todo.

Gritemos tu nombre al viento, para que como el trigo balanceado
tus dones crezcan abonados por el amor de ese todo que somos.

Cuatro escalones

Decidí detenerme y mirar,
a veces caigo cuatro escalones,
pero la vida que soy me impulsa a subirlos,
aseguro cuerdas y miro hacia arriba para mirar hacia dentro,
si me escucho no caigo,
y entonces pongo compuertas a los ríos de murmullos
que quieren arrastrarme más allá de mí.

Ayer estuve muerta,
respiraba, pero poco,
la vida me miraba y no podía verla,
hoy me agarré a ella,
aún escuecen los rasguños,
pero miro dentro y dibujo la sonrisa
que mi corazón alumbra.

Sí, aún soy claroscuros,
pero en la luz está mi sombra,
y ahora la resguardo de aquellos que quieren
alargarla más allá de mí.

Otoño sin azar

Tardes de otoño,
grises en un cielo salpicado de blanco
por gaviotas confiando su vuelo a un viento nada azaroso.

Las olas cual notas graves anuncian recogimiento.

El silencio todo lo contiene,
ni ladrido de perro rompe esta tarde en que la luz en declive
despereza lentamente a la noche.

No hubo otro otoño.

Es este en el que vivo asentada,
en un hoy que me arrulla con ventana abierta
al aroma a sal y manta en las piernas.

Todo invita a ser lento,
todo invita a ser dentro,
y en mí me hallo,
que desde que me encontré me otorgo el calor
y el color que me merezco.

Tardes de otoño,
alegría en el ser que mira en pausa la hoja
que se derrama plena de la vida que fue.

El festival de la cosecha

Siempre aro mis campos con devota entrega,
cruzo su ámbito con la delicadeza del alfarero,
dejando correr entre mis manos su tierra,
vertiendo en ellos el agua de mi sudor
y de mis fuentes siempre prestas a rociarlos de vida.

Tras los cuidados llega el provecho,
ese momento de tomar con el placer de lo entregado
la recogida de gracias,
un festival de fuego donde todo arde dejando atrás lo vivido
para sentir en la boca los frutos ganados a fuerza de tiempo.

Saborear el instante,
esa miel en su punto justo derramándose
por la comisura de los labios,
goloseando dulces sabores,
jugando con la lengua cada poro que empuja
el líquido elemento del que saciarme de mi propio existir.

Siempre aro mi tierra con entrega devota,
de sus cosechas soy hoy humilde poseedora,
amante de su recuerdo que en mi piel transmuta cien vidas,
dueña de cada instante de regocijo,
que algunas noches,
cuando la luz perece mortecina,
estallan de nuevo en mi boca recreando
cada festival de la cosecha.

De vida

Belleza fugaz la suya,
la rosa blanca golpea los sentidos,
está mostrándonos el camino.

Amor el suyo al ser que somos,
sin pátinas multiplicadas de cuerpo encarnado,
de la vida somos, como ella, efímera en su estancia,
y hasta el final del pacto,
camino de ser plenos,
que de haber nos quieren exhaustos.

En conciencia

Siempre más allá de la cordura establecida,
planeando en un mundo de recetas sociales
para hacer malabares,
soñando despierta,
despierta cuando los cuerdos duermen,
aprendiendo a dormir,
doctorada en vivir mi yo,
sincera aprendiendo a poner anestesia,
enamorada de lo imposible,
amante de la luz lunada,
submarinista de letras,
yo consciente más allá de las conciencias socializadas.

Desnuda en amapola

Siento los trigales en mi piel,
la vida despierta en ellos y engrandece la mirada,
su danza al viento me invita a yacer entre sus cantos,
y cuando la amapola los engalana,
siento desnuda el placer de ser tierra que nutre cada amanecer,
aun antes de yacer de cuerpo que no de vida eterna.

El alma al frente

Allá donde reside el existir que no conoces,
que sepultado de ayeres dejaste olvidado,
tu alma te mira de frente,
su luz en tus ojos no se desgasta,
te danza, te arde, te viste, te aborda,
en cada rincón te nombra con partículas vibrándote.

Allá donde se encarna la llama que eres,
apaga la sombra y la deja olvidada,
porque aun siendo de ayeres
rubrica el pasado de perdones y reparte el hoy en tu baraja.

Flor de almendro

A veces me pierdo en un silencio
que solo se quiebra de vivir,
y a él regreso para acomodarme,
me hablo sin ruido,
a mí y al universo que acoge los susurros de mi alma.

Todo es sepulcro lleno de vida,
de mí brotan los deseos como flor de almendro,
emano primavera,
me desboco como fuente
danzando alrededor de mi útero creador.

Ya no me visto de tiempos que me abrasaron,
abandono el frío en cualquier esquina de luz regalada,
no sueño en mañanas inciertos,
despierto al alba entre mis costuras,
mis piernas se elevan al día y tras ellas
mi cuerpo recita la oración de gracias al vivir,
no doy por supuesto un día más,
del universo ofrenda,
lo bendigo,
mi piel recita vida,
siento mi vientre en coros recrearse,
paseo ser,
celebro estar,

y así en mi átomo de existencia
el tiempo como péndulo me mece,
en él me gozo y de él me bebo,
respiro ser milagro a cada paso.

En amor mayor

No sé si podré decir todo lo que siento,
entre tus labios y los míos el espacio alza muros invisibles,
prohibido estar,
pero con ser me conformo.

Quiero amar sin equipaje por primera vez,
vaciados los baúles,
eliminadas las cargas,
como niña curiosa en traje de domingo,
voy a buscarte,
no, quizá mejor me encuentres,
yo vivo donde tu ser reposa y batalla,
donde tus sueños vibran,
a medio camino de nosotros a ninguna parte,
ahí donde la belleza de ser hace sentir tirabuzones en tu ombligo.
¿Imaginas?
Sí, bucles que dan vueltas infinitas y acarician sedosos tu piel.
Ahí me entretengo.
Tengo una cita con tu alma.
Si acude seremos dos, a ratos uno y por tiempo infinitos.

Imperpetuidad

Reflejándose en sus hojas,
el sol danza el baile de los sin miedo,
esos que besan el aire con caricias de sus dedos,
que respiran alegría,
creen en el gozo eterno,
y la felicidad se asoma en cada esquina de su cuerpo,
alzan al cielo sus cantos,
viven porque no es perpetuo.

Pura vida

Solo sé que quiero ser quien era,
quiero mi eterna sonrisa,
mi rotunda carcajada,
solo dormir en la cama o si acaso disfrutarla,
mojarme bajo la lluvia y bailarle al sol desnuda
cuando el día rompe al alba.

Solo quiero ser quien soy,
devueltos a los infiernos los demonios a patadas,
que ayer era tierra yerma
y hoy soy flor de la biznaga.

Solo quiero ser el ser que se duerme con la luna,
sin saltar de cama en cama,
dándole gozo a mi cuerpo empapándolo de alma.

Adiós tambores de guerra,
batallas de oscuras danzas,
ahora el son lo marco yo con el ritmo de mis alas,
ya no miran ojos tristes,
de lágrimas derrochadas,
vomitando una vida que moraba horas fatuas.

Ahora, sobrevividos, se ríen e incluso danzan,
que el brillo no se lo robe ni la noche más cerrada,
que siempre quise vivir,
aun estando amortajada.

Reflexión

Recuerda que la eternidad es un segundo,
que el tiempo transcurre mientras tú lo cuentas,
que cada caricia es el encuentro de dos almas en silencio,
y sin embargo, se puede amar sin tocar y sin ver.

Disfruta de tu rostro que es poesía escrita por miles de minutos,
y sé sabio al contar que sonreír es sano pero llorar también,
que el odio y el rencor son malos compañeros de vida,
y se vive mucho mejor con la compasión y el amor,
y nunca dejes, nunca, que la avaricia meza tu cuna,
porque los buitres mueren de muertos.

Latiendo yo

Ayer solo fui un dibujo de mí, unas alas que querían volar,
un aullido de loba en silencio,
un camino entre tormentas y desiertos,
unos labios morados,
una lucha callada esperando el momento de estallar.

Hoy mi corazón late porque sigue lleno de vida,
la que fui para ser hoy renacida,
vuelta a nacer entre fango y cenizas,
palpitando de nuevo,
saltando sobre la pira donde habita el infierno
de vuestras mentiras y miedos,
cuyo ser ya no es títere manipulable,
solo la luz me devuelve el reflejo al espejo,
y cuando muera que sea henchida de amor a la vida,
cantando las verdades que desdibujan el plano,
fuera del orden marcado,
más allá de lo que algunos nos permiten respirar.

Colores de trigo

Los árboles murmuran sus silencios entre mis brazos,
como manchas de color las flores tiñen rincones,
salpican de vida entre rojos y amarillos los campos
que mecen trigo,
detenerme y oír el canto de los pájaros,
los miro mientras como un milagro se detienen
con sus alas abiertas en un cielo que clama primavera,
la tarde lloró nubes,
una brisa fresca tras la ventana sabe a tierra empapada de vida,
cuando la luna reine
un día más de ser perecerá con la esperanza
de verse renacido a un sol nuevo.

Del álbum *Entre tú y mil mares* (2014) de Laura Pausini.

Somos hoy

Somos la vida escrita en las paredes.
Nos tachan de rebeldes.
Fotografías e imágenes de un infinito film.
Somos culpables de ser inocentes.
Tozudos e inconscientes.
Ráfagas de tempestad
y banderas de felicidad.
Soldados de un amor
que le dispara así a la guerra.

Somos hoy las páginas
donde escribir las fábulas.
La sal entre las lágrimas.
Los besos que en el cine das.
Lo opuesto a un héroe solo soy.
Somos hoy.

Somos mensajes dentro de botellas
viajando a las estrellas.
La historia que podrá llenar
los libros de la verdad.

Somos las almas que entre sí conversan
bajo una piel diversa.
Somos todos náufragos
por las calles de alguna ciudad.
Soldados de un amor
que le dispara así a la guerra.

Somos hoy las páginas.
Las noches más fantásticas.
Las notas de la música.
El sol que siempre volverá.
Lo opuesto a un héroe solo soy.
Somos hoy.

La frontera
de un sueño que tuvimos
en otra primavera.
Que todo el odio y la nieve fundirá
y el mar del alma recogerá.
Somos hoy las páginas
donde escribir las fábulas.
Las notas de la música.
La vida que no acabará.
Lo opuesto a un héroe solo soy.
Somos hoy.
Somos hoy.

Compuesta por: Eric Buffat y Laura Pausini.

Con permiso de todos los lectores, quiero cerrar este poemario con un poema en catalán, dedicado al valle que es mi casa, la vall del Faitús. Aquí, junto a mis peludos, gatos y perros, he encontrado la paz, me he conocido mejor y he dado largos pasos en mi camino de ser. Aquí he vuelto a creer o a creer más gracias a mis vecinos de bosque, ellos siempre me han tendido la mano sin preguntar.

Tornar a casa

No sé pas quan ens vàrem mirar per primera vegada,
sé que en mirar-te vaig voler habitar-te.
Poster vaig ser follet o fada,
ara, com si fos màgia et miro canviar
amb els dies i el cor batega d'enamorada.
Ets el lloc on mai vaig pensar ser,
però els verds motejats de groc conviden
a gaudir la pluja primaveral,
les nits fresques de llençol a l'estiu regalen aire,
la tardor de mil colors i cent castanyes fa olor de llenya i gust
de panellets i magranes,
l'hivern nu i a dies blanc, em recorda que un temps enllà,
no fa massa vaig renéixer,
vaig reixiir i vaig trobar-me a aquesta casa,
i ara, en veure les muntanyes de lluny,
l'escalfor a llar em mira fent-me l'ullet i sense dir
res em convida a romandre.

No puc prometre temps,
no sé mai quan durarà una estada,
però sí sé que en marxar, si així fos,
en mirar enrere un somriure d'escalfor em recorrerà l'ànima.

EPÍLOGO

Este poemario nace de mi recorrido personal desde el dolor y la enfermedad al renacer en una nueva forma de vivir, una a la que he llamado: vivir conmigo.

La primera parte transcurre en los años en que la ausencia de amor por mí y el maltrato me llevaron al diagnóstico de cinco enfermedades crónicas, entre ellas la fibromialgia y la depresión. Fueron años de dolor físico y abandono, hasta querer terminar con mi propia vida.

Sin embargo, ese instinto de supervivencia, de permanecer cuando aún no es el momento y que todos tenemos, me llevó a dar pasos para salir de aquel bucle que había convertido mi vida en un infierno. En este punto se desarrolla la segunda parte del poemario: «Transmutando». Empecé con la respiración consciente, la meditación o el trabajo de las emociones. Más tarde llegaron otro tipo de terapias, como la radiestesia, el kundalini reiki, la angeología y el ho'oponopono.

No obstante, la principal protagonista para llegar al día de hoy, en que mi vida es otra, he sido yo y mi capacidad de tomar las riendas de mi vida, sin dejarla más en manos de otros, aceptar la responsabilidad propia de las decisiones tomadas, aceptarlas, asumir las consecuencias y vivir en presente dando pasos para crear futuro. Y es ya en este estado cuando empiezo a vivir conmigo.

En la poesía hallo mi mejor aliada para expresar todo tipo de emociones, y es por eso por lo que decidí expresar este cambio a través de poemas creados durante todos estos años.

Si leer estas líneas ayuda a alguien a ser consciente de que más allá de los fármacos, a veces necesarios, hay vida, una vida que podemos crear nosotros mismos cada día, el objetivo estará cumplido.

Todo se inicia en primer lugar en amarnos ante todo a nosotros mismos, poniendo nuestra paz en el lugar de lo innegociable; buscando la armonía en la coherencia entre lo que pensamos, sentimos, decimos y hacemos; poniendo límites, que son muy sanos cuando es necesario; a la vez que practicamos la no respuesta, ya que lo contrario solo desgasta nuestra energía y nos aleja de la paz que nos debemos.

No, no es sencillo, cada día es un reto y muchos instantes de ese día se nos pueden escapar de las manos, pero si somos capaces de retomar quienes somos y regresar a nuestra esencia, entonces podremos ganar un día más de vida plena, de disfrutar de la vida que es la que en este momento tenemos, mirarla a la cara y saber que honrarnos a nosotros mismos es honrarla a ella.

AGRADECIMIENTOS

A mi madre, Ana, que nunca me ha soltado la mano; es más, la agarró tan fuerte que aquí permanezco y me dio a luz dos veces.

A mi hija, Lisa, por cruzar conmigo las sombras, darnos luz y sobrevivir juntas a cada reto para seguir aprendiendo.

A Conxi, Marga, David y Eddy, mis hermanos de vida, con ellos cruzar el desierto es tener siempre un oasis. Y a todos mis amigos y a los seres que están o estuvieron en mi vida para darle más luz.

A todos los que me aman, han estado y están, pese a lo difícil que a veces lo pongo siendo yo y sin querer renunciar a serlo.

A todos mis hermanos de todos los reinos y especies por ayudarme a sanar cada día con solo detenerme a mirarlos.

A Jorge Tarducci, compañero de letras, por un prólogo maravilloso y por cada intercambio de hallazgos que compartimos en la distancia.

De tierra renacida

Lista de reproducción

ÍNDICE

DÁNDOME A LA LUZ

MI VIDA CONMIGO

Este libro se terminó de editar en Granada
en febrero de 2025 por

Aliarediciones

www.aliarediciones.es
info@aliarediciones.es